LE THÉATRE

ET

LES PAUVRES

PAR ÉDOUARD FOURNIER

PARIS

E. DENTU, ÉDITEUR

LIBRAIRE DE LA SOCIÉTÉ DES GENS DE LETTRES

PALAIS-ROYAL, 17 ET 19, GALERIE D'ORLÉANS

LE THÉATRE

ET

LES PAUVRES

PARIS. — IMPRIMÉ CHEZ JULES BONAVENTURE,
55, quai des Grands-Augustins.

LE THÉATRE

ET

LES PAUVRES

PAR ÉDOUARD FOURNIER

PARIS

E. DENTU, ÉDITEUR

LIBRAIRE DE LA SOCIÉTÉ DES GENS DE LETTRES

PALAIS-ROYAL, 17 ET 19, GALERIE D'ORLÉANS

I.

C'est une des plus intéressantes questions du moment. Depuis qu'une commission a été nommée pour la régler, et, nous l'espérons, pour en finir, on s'en occupe partout, de l'hôpital au théâtre.

Il est donc temps de laisser l'histoire y dire quelques mots. Ses clartés feront bien dans ce débat un peu ténébreux.

On y invoque le passé, on s'y fait fort de ce qu'il a exigé, et l'on pense qu'avec son autorité l'on pourra toujours exiger de même et autant.

J'espère, moi, tout le contraire. Ce qui s'est fait autrefois, à certaines dates, notamment en 1721 et 1736, par deux ordonnances très-libérales de Louis XV, en faveur de l'Opéra et de la Comédie, qui déjà criaient très-fort contre les hospices et leur impôt, sera, j'en suis sûr, d'un conseil excellent pour ce qui devra se faire à l'avenir.

II.

Les spectacles, qui, ainsi que vous le savez, furent d'abord en France, comme partout, des espèces d'établissements religieux, ne pouvaient tenir les pauvres en dehors de leur entreprise : c'eût été la piété oubliant la charité. Il en fut des représentations comme des autres offices. Les pauvres eurent leur dîme sur la recette des spectacles comme ils avaient leur aumône à la messe.

Comment et dans quelles proportions se prélevait cette dîme ? Je ne sais trop, les détails manquent. Il paraîtrait toutefois que, d'après un principe d'équité auquel on ne revint un peu que sous Louis XV, mais qu'on reprendra bientôt, je l'espère, la part des pauvres n'était faite que lorsque celle des dépenses avait été réglée.

A chacun ses frais : l'Église prélève ceux du culte avant de penser aux pauvres, et fait même deux quêtes à part : l'une pour elle, l'autre pour l'aumône.

Les *Confrères de la Passion*, nos premiers comédiens, semblent avoir procédé de même. Ils prélevaient leurs frais et ne partageaient que le reste, le profit. Je trouve en effet dans l'excellente préface de l'*Inventaire des actes du Parlement de Paris*, publié en 1863 par M. le marquis de Laborde (1), l'analyse d'une déclaration du 10 décembre 1541, où il est dit expressément que le droit dû aux pauvres « sera pris sur le *bénéfice* des acteurs. »

Rien de mieux, partagez le superflu, mais laissez d'abord le nécessaire à ceux qui ont la peine et courent les risques. Ne faites pas des pauvres au dedans du théâtre pour mieux secourir ceux qui sont à la porte.

III.

Chez les Espagnols, cette nation de l'excès dans toutes les passions, même celle de la charité, la recette entière des spectacles devait appartenir aux pauvres.

Mais alors, direz-vous, comment pouvait-on trouver des gens assez fous pour se faire directeurs de troupes ? On n'en trouvait pas. Les agents des pauvres, les frères des congrégations

(1) P. LXXVII. — Le 27 janvier précédent, un premier arrêt avait établi que les confrères devraient bailler, par an, aux pauvres mille livres tournois, mais sans stipuler la manière dont la somme serait perçue et si elle serait prise ou non sur les bénéfices seulement.

charitables, étaient dans certaines villes, telles que Cadix, par exemple, les seuls entrepreneurs de spectacles.

L'entreprise théâtrale et la sainte maison se confondaient, et de telle sorte que celle-ci souvent ne vivait que de celle-là.

Les frères se faisant les premiers pauvres et commençant par eux la charité, n'avaient pas de plus grasse prébende que la comédie. Ils n'omettaient rien pour qu'elle fût plus copieuse encore. Réceptions des pièces les meilleures possibles, engagements d'acteurs les plus renommés qu'il y eût en Espagne, enrôlements de claqueurs pour tenir tête à la cabale toujours prête des *mosqueteros*, tout se faisait au couvent.

C'est un religieux, le R. P. Labat, qui nous renseigne sur cette singulière combinaison des moines de Saint-Jean-de-Dieu, à Cadix, qui, mieux avisés que l'abbé Pellegrin, dont le dîner venait de l'autel et le souper du théâtre, faisaient vivre leur autel du théâtre même pendant toute l'année. Voici ce qu'il en a dit dans ses *Voyages d'Espagne et d'Italie* (1) : « On ne leur connaissoit, en 1685, d'autre revenu fixe que le *Coréal*, c'est ainsi que l'on nomme le théâtre où l'on joue les comédies. Ces religieux sont obligés, à cause de cela, de veiller à ce qu'il y ait de bons acteurs et de bonnes pièces... »

(1) 1730, in-12, t. I, p. 217.

A Amsterdam, quand notre poëte comique Regnard s'y trouvait, c'est-à-dire au mois de mai 1681, les pauvres, de même qu'en Espagne, avaient droit à toute la recette des spectacles, et comme, dans cette ville huguenote, il n'y avait pas entre eux et les théâtres de moines intermédiaires qui commençaient par en vivre, ils la touchaient vraiment tout entière.

Qui payait les frais? Le corps municipal de la ville, aux gages de qui étaient les acteurs.

« Nous apprimes à la comédie, écrit Regnard (1), que tout l'argent de la recette allait aux pauvres et que la ville entretenait les comédiens, à qui elle donne une certaine pension. »

Voilà qui est fort bien, et la ville de Paris, qui exige des théâtres tant d'argent pour ses pauvres, devrait faire ce que faisait la ville d'Amsterdam : qu'elle prenne les spectacles à ses frais et qu'elle donne après à ses hospices tout ce qu'elle voudra des recettes.

IV.

Au dix-septième siècle, jusqu'au delà du temps de Molière, les pauvres laissèrent chez

(1) *Œuvres*, 1770, in-12, t. 1, p. 35.

nous les comédiens fort tranquilles. Il y avait trop peu de différence entre eux pour que les uns ne se fissent pas conscience de demander l'aumône aux autres, qui dans ce cas eussent pu répondre : « Et à nous, qui la fera ? »

Le théâtre de l'hôtel de Bourgogne et celui de Molière ne furent grevés d'aucun droit au nom des hospices, pas même de la dîme assez mince que les *Confrères de la Passion* avaient dû payer.

Etant devenus beaucoup plus profanes, ils échappaient aux exigences de charité, dont le caractère essentiellement religieux des premiers spectacles avait fait une obligation pour leurs prédécesseurs. S'ils étaient charitables, c'était à leur aise, jamais par ordre. Ils ne mettaient que plus d'empressement à l'être. On le sait par les lettres que leur écrivirent quelques communautés religieuses, notamment les cordeliers et les augustins, et aussi par les mentions d'aumônes très-fréquentes, et souvent presque journalières, qui se trouvent sur le registre de la troupe de Molière, tenu par Lagrange.

V.

Il y avait plus de vingt-cinq ans que Molière était mort, quand Louis XIV, sous la pression du monde dévot, dont il avait fini par s'entourer, prit le parti de régulariser en impôt ce qui n'était qu'une aumône volontaire.

N'ayant pu faire supprimer les spectacles, la cabale se dédommageait en les faisant mettre à contribution pour ses pauvres.

Le moment fut d'ailleurs fort bien choisi, nous devons le dire : la misère était grande, et, comme l'écrivait Pontchartrain à M. de Harlay (1), il fallait chercher des remèdes « à la mendicité, dont Paris était fatigué. » D'un autre côté, l'Opéra, sous la direction de Francine, faisait de fort belles affaires, et la Comédie, réduite à un seul théâtre, n'était pas dans un moins bon état de prospérité (2). On pouvait donc, sans trop leur faire tort, les mettre à la dîme.

Elle ne fut pas de moins d'un sixième sur la recette.

L'embarras fut de savoir comment ce sixième serait perçu. L'idée d'un abonnement, c'est-à-dire d'une somme à *forfait* que paye-

_____

(1) *Correspondance administrative de Louis XIV*, t. ii, p. 748-749.

(2) L'exposé des motifs de la première ordonnance, celle du 25 février 1699, qui viendra tout à l'heure, faisait valoir cette richesse des théâtres. Il y était dit que S. M., « ayant employé jusqu'à présent pour les pauvres tous les moyens que sa Charité lui a suggérés, a cru devoir encore leur donner quelque part aux profits considérables qui reviennent des opéras de musique, et des comédies, qui se jouent à Paris, par sa permission. »

raient annuellement les théâtres, quelles que fussent leurs recettes, fut la convention à laquelle on s'arrêta : « Sa Majesté m'ordonne de vous dire, écrivit Pontchartrain au président de Harlay (1), le 26 janvier 1699, qu'il lui paroît qu'il seroit bien plus commode, pour l'hospital mesme, pour Francine et pour tout le monde, que ce fust Francine luy même pour l'Opéra, et les comédiens pour la comédie, qui s'abonnassent à une certaine somme, plutôt que d'y mettre, ou un receveur particulier, ou un contrôleur, ce qui seroit sujet à mille et mille inconvénients (2). »

Quand l'ordonnance eut été rendue, peu après, le 25 février 1699, on ne fut pas longtemps à s'apercevoir que le systême adopté avait des inconvénients en aussi grand nombre. La somme de l'abonnement annuel à payer par l'Opéra était fixée à quarante mille livres, et celui de la Comédie à vingt-cinq mille. Il fut bientôt évident que le système des recettes allait bien au-delà dans les deux théâtres, et que l'abonnement était une véritable perte pour les pauvres.

Ce qui surtout exaspéra le ministre, c'est qu'à la Comédie, comme à l'Opéra, on s'était fait aussitôt une ressource et un gain de la

---

(1) Il était à la tête du bureau de l'hôpital comme administrateur.

(2) *Corresp. administ. de Louis XIV*, t. ii, p. 748-749.

dîme dont il était frappé. Sous prétexte qu'il fallait payer à l'Hôpital ce fameux sixième que l'abonnement rendait si léger, on s'était hâté de prélever sur les spectateurs une contribution bien autrement réelle. A la Comédie, par exemple, les quinze sous que payait le public du parterre, comme à l'époque où le clerc dont parle Boileau venait siffler *Attila*, étaient tout à coup montés à dix-huit (1).

Le public, qui ne savait pas encore compter, se laissa faire. Il sembla même oublier l'impôt dont on le grevait, pour ne penser qu'à celui dont les dévots avaient fait frapper ces pauvres comédiens.

C'est en chansons qu'il les vengea. Voici deux des meilleurs couplets qui coururent alors (2) :

> On ne pouvoit voir autrefois
> Les théâtres en conscience ;
> Depuis que l'on y met des droits,
> Les dévôts font tourner la chance ;
> C'est en faveur de l'hôpital
> Que l'on n' y trouve plus de mal.
>
> Admirons tout ce grand agent,
> L'intérêt, qui de tout dispose !
> Courage, enfants, pour de l'argent
> Nous ferons bientôt autre chose ;
> Et sans crainte, en d'autres endroits,
> Nous irons en payant des droits.

Le ministre cependant préparait une ordon-

(1) *Anecdotes dramatiques*, t. i, p. 400, et t. ii, p. 565.
(2) Marsy, *Nouveau siècle de Louis XIV*, t. iii, p. 14.

nance nouvelle (1). Après bien des pourparlers avec M. de Harlay, elle parut le 1er septembre 1701, et non-seulement par la suppression de l'abonnement à forfait elle mit les pauvres en pleine possession du sixième des recettes, auquel leur donnait droit l'autre ordonnance, mais elle les fit bénéficier en outre de l'augmentation qui en était résultée pour le prix des places.

Dès lors, il n'y eut plus de diminution ni de fraude possibles. Le droit fut prélevé au complet, sans merci ni grâce; « sans aucune diminution ni retranchement, disait l'ordonnance (2), sous prétexte de frais ou autrement. »

C'est cruel. On allait, dans cette mesure de charité fiscale, plus loin qu'à l'époque même de François Ier, lorsqu'il n'était demandé aux *confrères de la Passion* qu'une aumône sur leurs bénéfices.

Les comédiens réclamèrent. La première fois qu'il fallut porter au bureau de l'Hôpital cette dîme de charité par force, ils en chargèrent Dancourt, qui, auteur en renom, et sociétaire chez eux depuis seize ans, semblait le plus autorisé. Il parlait bien, d'ailleurs, et le prouva.

Il fit, dit-on, « un très-beau discours, » dans

---

(1) *Correspondance administrative de Louis XIV*, t. III, p. 314-315.

(2) Ce que nous en citons est copié sur l'affiche même, qui existe à la Bibliothèque Impériale, *Collection Delamarre*, t. LXXXI, fol. 151.

lequel, après des plaintes sur ce que la dîme avait d'excessif, il demanda qu'au moins, en échange, les comédiens, dont on exigeait tant pour la charité, fussent déchargés à l'avenir de l'excommunication qui les frappait.

M. de Harlay se contenta de répondre de son ton le plus narquois : « Dancourt, nous avons des oreilles pour vous entendre, des mains pour recevoir ce que vous devez aux pauvres, mais nous n'avons pas de langue pour vous répondre (4). »

VI.

On ne s'arrêta pas là. D'abord, par ordonnance du 3 janvier 1713, la perception du sixième fut étendue aux petits spectacles, ceux de la foire Saint-Germain et de la foire Saint-Laurent ; puis, afin de conserver aux plus grands une supériorité, même dans l'impôt on s'ingénia, pour accroître la contribution qu'ils payaient.

On pensa, sans les consulter, qu'un petit droit de nouvelle espèce pourrait se faufiler sur l'autre, et vite une ordonnance l'imposa.

(1) *Encyclopediana*, 1791, in-4, p. 377.

Le prétexte mis en avant était la construction d'une salle neuve à l'Hôtel-Dieu « pour les pauvres malades (1), » mais la raison véritable, trop singulière pour ne pas être soigneusement cachée, était la publication d'un ouvrage auquel tenait beaucoup la ville de Paris, et qui, faute d'argent, ne pouvait paraître sans le secours de ce nouvel impôt sur les théâtres.

L'ouvrage, fort important d'ailleurs, et pour lequel nous ne regrettons que la manière dont il fut payé, était le *Traité de la police*, en cinq volumes in-folio, par le commissaire Delamarre. Beaucoup de science et presque autant d'argent y avaient été dépensés. Pour que le tout n'y fût pas en pure perte, on fait appel aux recettes des théâtres, qui certes n'étaient guère attendues en cette affaire !

Par ordonnance du 5 février 1716, elles furent grevées d'un neuvième en sus du sixième déjà perçu ; mais cette fois, l'Hôtel-Dieu seul, et non l'hôpital général, fut en nom.

La sœur du commissaire, qui était prieure à l'Hôtel-Dieu, avait conduit cette petite combinaison, dont le motif apparent était, nous l'avons dit, la construction d'une salle pour les malades, mais qui ne devait surtout bénificier qu'à la publication du livre de son frère. Quelques jours après, un acte intervint

-----

(1) *Archives hospitalières*, Hôtel-Dieu, in-4, p. 376, n° 4099.

entre celui-ci et l'Hôtel-Dieu pour bien établir la part que le *Traité de la police* prélèverait pour ses frais de publication sur l'impôt du neuvième imposé aux théâtres.

Elle fut fixée, pour l'ouvrage entier, à la somme énorme de trois cent mille livres, mais non pas sans condition. Le commissaire devait achever son ouvrage à l'aide de ces nouvelles ressources, et la propriété devait lui en être commune avec l'Hôtel-Dieu, pendant vingt années, après lesquelles l'Hôtel-Dieu seul en resterait propriétaire (1).

Que dites-vous de cet hospice qui se fait établissement de librairie avec les fonds que lui paient les théâtres?

VII.

Pendant la Régence, ce bon temps où il sembla qu'on relevait de pénitence, les théâtres auraient pu espérer que la *dime des pauvres* serait supprimée, ou tout au moins leur serait

(1) V., sur toute cette affaire et ses suites, *Histoire générale de Paris*. Introduction, 1866, in-4, p. 99-115. — Le premier qui en ait parlé est l'abbé La Tour, dans son livre étrange, *Réflexions morales sur les Théâtres*, 1763, in-8, t. 1, 3ᵉ part., p. 82.

imposée moins lourdement : il n'en fut rien. Le duc d'Orléans ne leur fit aucune grâce. C'était être cruel contre un de ses plus chers plaisirs.

Par l'ordonnance du 5 février 1718, il maintint la perception du neuvième pour l'Hôtel-Dieu, et par celle du 4 mars 1719, il conserva l'autre dîme du sixième dans toute sa rigueur, même contre les pauvres petits théâtres de la Foire (1).

Continuer à rendre ainsi de malheureux danseurs de corde ou montreurs de marionnettes, les contribuables des pauvres, c'était faire payer à des mendiants l'impôt de l'hôpital, comme pour les y envoyer plus vite.

La contribution ne fut pas acceptée sans plainte, la perception ne se fit pas sans lutte (2).

L'ordonnance de 1719, qui fut renouvelée pour être encore plus rigoureuse l'année d'après, 11 octobre 1720, exigeait que le sixième et le neuvième seraient prélevés sur la recette entière « sans aucune diminution ni retranchement; » les théâtres, au contraire, soutenaient ce qu'ils soutiennent encore avec juste raison, qu'ils ne devaient payer l'impôt « qu'après avoir prélevé les frais de représentation. »

Comment s'entendre ? On ne s'entendit pas.

(1) *Archives hospitalières*, Hôtel-Dieu, p. 377, n° 5002.

(2) Rondonneau de La Motte, *Essai historique sur l'Hôtel-Dieu de Paris*, 1787, in-8, p. 160.

Les mesures de rigueur, les grands moyens
d'aministration, qui en cette affaire de charité
devaient répugner plus qu'en toute autre, de-
vinrent nécessaires.

Les administrateurs des Hospices, au lieu
de reculer, allèrent jusqu'aux plus extrêmes.

Requête fut présentée par eux au lieutenant
général de police, pour qu'il leur fût permis
« de saisir entre les mains du sieur Dupuis et
de la demoiselle Berthelin, caissiers et receveurs
de l'Opéra, » le montant des droits dus aux
pauvres (1). La permission fut accordée, signi-
fication fut envoyée à Duchesne, l'un des directeurs du théâtre, et la saisie ne se fit pas
attendre. Le procès-verbal, bien et dûment
dressé, existe aux Archives hospitalières, sous
la date du 5 décembre 1720.

Après cette belle campagne, où les Hospices
avaient un peu agi comme le brigand de *Gil
Blas*, qui se faisait faire l'aumône l'escopette
à la main, le gouvernement eut un peu de re-
pentir. Il vit qu'il avait assez fait et trop même
pour les pauvres, et qu'il était temps de son-
ger aux théâtres, pour qu'ils ne fussent pas
eux-mêmes réduits à la mendicité. L'année
qui suivit le grand exploit des Hospices, c'est-
à-dire la saisie qu'ils avaient fait faire au nom
de la charité, le 10 août 1721, une ordonnance royale accorda ce qui jusqu'alors avait
été obstinément refusé : les directeurs de l'O-

---

(1) *Archives hospitalières*, p. 377, nº 5004.

péra furent autorisés « à prélever une somme
pour leurs frais à chaque représentation, »
avant de payer ce qu'on leur réclamait au nom
des pauvres (1).

Ainsi reparaissait pour la première fois, depuis les *Confrères de la Passion*, ce droit
consacré par le Parlement, et toujours mé-
connu depuis, en vertu duquel la dépense des
théâtres doit passer la première, et l'aumône
n'être prise que sur les bénéfices.

VIII.

Il était temps pour l'Opéra que cette ordonnance vint le soulager un peu. Ses charges
étaient énormes. Lors même que les hospices
ne le grevèrent plus autant de leur mendicité
impérieuse, il cria bien haut misère.

La vérification des comptes prouva qu'il
avait raison. Ceux qui furent dressés à la mort
de Dupuis, ce même caissier que les Hospices
avaient fait saisir, n'eurent pour résultat que
la preuve d'un déficit, faible sans doute, mais
certain.

(1) *Archives hospitalières*, p. 377, n° 5005.

Ainsi, depuis Pâques 1720 jusqu'au 30 novembre suivant, les dépenses, qui étaient de 299,691 livres 1 sol 9 deniers, n'avaient été insuffisamment couvertes que par une recette de 296,597 livres 15 sols 8 deniers.

Les pauvres avaient, convenez-en, mauvaise grâce à presser sur les finances d'un théâtre en cet état. C'est donc avec raison et pleine justice qu'on avait restreint leur droit. Il fut maintenu entier sur les autres, les Comédies française et italienne, et exercé même avec une rigueur plus inflexible qu'auparavant.

Le droit du neuvième surtout, dont le produit, s'il vous en souvient, n'allait pas aux pauvres, quoiqu'il fût payé à l'Hôtel-Dieu, mais avait pour bizarre emploi l'interminable achèvement du livre du commissaire Delamarre, était prélevé avec une sévérité, un acharnement de perception incroyables.

Comme il arrive toujours, on l'exigeait d'autant plus qu'il était moins juste de le réclamer. Plus les théâtres s'insurgeaient contre ce qu'il avait d'inique et d'anormal, plus on le leur imposait d'autorité, une ordonnance sous la gorge.

Le 6 février 1732, par exemple, il en fut lancé une du lieutenant de police, qui n'admettait ni ménagement ni remise : « Le préposé à la recette du droit de l'Hôtel-Dieu, y était-il dit, assistera aux comptes de chaque représentation, en signera les feuilles de produits avec les directeurs et receveurs, et à la fin, le neuvième lui sera payé pour être remis à l'instant à la recette générale de l'Hôtel-Dieu (1). »

On ne pouvait être plus impitoyable que la police l'était ici, au nom de la charité.

Le roi le fut moins par bonheur, peu de temps après. En 1736, ce qu'on avait accordé à l'Opéra fut accordé de même aux théâtres de comédies. Ils ne durent plus payer les pauvres qu'après avoir soldé leurs frais.

Ils n'étaient pas considérables, comme vous allez voir, d'après l'analyse de l'ordonnance donnée par l'*Inventaire des archives hospitalières* (2) : « Ordonnance du roi Louis XV portant que le *droit des pauvres* ne sera perçu qu'après que les troupes des comédiens français et italiens auront prélevé une somme de 300 livres sur le produit de chacune des représentations. »

Trois cents francs de frais quotidiens pour la Comédie-Française ! Il n'est pas si petit théâtre, à présent, dont la dépense de chaque jour ne soit le double au moins. Mais le point important n'est pas dans cette curiosité, il est dans la consécration donnée par l'ordonnance du 6 octobre 1736, au droit qu'ont les théâtres, malgré les dénégations toujours persistantes de l'administration, de ne payer les pauvres sur le superflu qu'après s'être eux-mêmes payé le nécessaire.

(1) *Archives hospitalières*, p. 377, n° 5011.
(2) P. 378, n° 5015.

IX.

Ce premier bienfait d'une ordonnance équitable, parce qu'elle était de bon sens, ne suffit pas à M. d'Argenson lorsque, arrivé au ministère de la guerre, il eut ce qu'on appelait « la grande police » dans ses attributions. Au lieu de se contenter de rendre plus légère la dîme des pauvres, il voulut la supprimer tout à fait. Comment ? Par un moyen bien simple, mais radical : en commençant par supprimer les pauvres.

On faisait alors, dans les rues de Paris, de fréquentes rafles de mendiants et de filles perdues, qu'on expédiait ensuite par cargaison aux colonies, pour les peupler. C'est même dans un de ces coups de filet, où la police ne distinguait pas la misère du vice, que Manon Lescaut fut prise et exportée.

M. d'Argenson prétendit les organiser plus largement, les régulariser et en faire ainsi un système de pêche vraiment miraculeuse, puisque le résultat n'eût pas été moins que la disparition complète de la mendicité en France. Il se crut tellement assuré de l'efficacité de son moyen que, prenant les devants sur ce qu'il devait produire, il décida qu'à l'avenir la dîme des pauvres ne serait plus payée par les théâtres.

Pourquoi cette dîme, en effet, puisque les pauvres ne devraient plus exister ?

Grande joie, comme vous le pensez, dans les spectacles! Collé, qui en fut témoin, ne se tint pas d'aise. « Cejourd'hui, 16 du courant (*décembre* 1749), dit-il dans son *Journal* (1), j'ai été à la Comédie-Française, où j'ai appris qu'on ne retiendroit plus le quart des pauvres (2). » Puis il ajoute: «Cette espèce d'impôt vient d'être ôté à l'occasion de l'expulsion totale que M. d'Argenson veut faire des pauvres du royaume. Il les fait tous prendre, fait guérir à l'Hôpital général ceux qui ne sont pas sains, et les fera partir pour nos colonies, où il les fera marier et leur donnera des terres à défricher; on dit que leur destination principale est l'île de Tabago. »

On ne fut pas longtemps à s'apercevoir que ce n'était qu'un rêve impraticable. A peine les méndiants étaient-ils balayés d'une rue, qu'ils y repoussaient, comme l'herbe entre les pavés. Les Hospices, cependant, réclamaient leur dîme, qu'on percevait toujours, mais qu'ils ne touchaient plus, parce que, sur la foi des belles

(1) 1re édit., t. 1, p. 136.

(2) Collé a raison de dire le *quart* et non le *sixième*; depuis cinq ans, depuis 1744, c'est le *quart* qu'on percevait pour les pauvres. Il en fut ainsi jusqu'en 1760, où il y eut lacune dans la perception. (*Observat. tendant à la suppression du Droit des Indigents*, 1869, in-4, p. 3.)

promesses du ministre, on l'avait mise sous le séquestre, afin d'en restituer les sommes aux théâtres, quand la complète expulsion des pauvres aurait été réalisée.

D'Argenson se rendit devant l'impossibilité de la tâche. Collé, deux mois après sa note triomphante, fut obligé d'écrire cette rectification piteuse (1) : « J'ai dit d'une manière positive que les spectacles avaient été déchargés du quart des pauvres. Tout le monde disoit que c'étoit une affaire faite, lorsque je l'écrivis ; il n'en étoit rien... On a même déjà remis à M. Dutartre, receveur charitable de l'hôpital, les deniers ou une partie des deniers de ce quart des pauvres, qui étoit en séquestre depuis plusieurs mois. »

X.

Les démarches de l'archevêque de Paris, de qui l'Hôtel-Dieu dépendait alors, et qui trouvait pour ses aumônes, ou autrement, de grandes ressources dans l'impôt des pauvres, avaient aidé beaucoup à la restitution de ces sommes. Il existe aux archives de l'Hôtel-Dieu

(1) *Mémoires*, 1re édit., t. 1, p. 360-361.

une lettre assez penaude de d'Argenson qui le lui annonce (1).

Cette intervention du prélat en des affaires qui touchaient plus le théâtre que l'Église, et dont le résultat prouvait, comme l'avait déjà remarqué Dancourt, que si l'on excommuniait d'une main, de l'autre on palpait volontiers l'argent de l'excommunié, fit beaucoup jaser dans le monde.

Voltaire ne fut pas le dernier à dire son mot.

Il attendit une bonne occasion d'intolérance; ce qui se passa pour le service funèbre de Crébillon la lui offrit. Les comédiens du roi avaient voulu que ce service se fît à leurs frais dans l'église de Saint-Gervais, paroisse de l'illustre défunt, et le curé n'avait pas cru devoir refuser.

L'archevêque ne l'entendit pas de même : le service fait, l'argent des comédiens reçu, il suspendit le curé.

C'est alors que Voltaire écrivit à son ami Damilaville (2) : « Voici ce qu'un tolérant dit sur cette matière : Si le curé a été suspendu pour avoir fait ce service aux dépens des comédiens du roi, le service n'est-il pas toujours fort bon ? et l'argent des comédiens n'a-t-il pas de cours ? Il faudrait donc excommunier M. l'archevêque pour recevoir tous les ans environ trois cent mille livres que lui fournissent

____

(1) *Archives hospitalières*, p. 378, n° 5014.
(2) *Lettre* du 18 juillet 1762.

les spectacles de Paris, et qui sont le plus fort revenu de l'Hôtel-Dieu. »

Puis, prenant à partie l'abbé Grizel, un des grands meneurs de la dévotion en ce temps-là, le créateur de l'adoration du Sacré-Cœur de Jésus, il poursuit : « L'abbé Grizel, qui sait ce que vaut l'argent et à quoi il faut l'employer, vous dira que le prélat risque beaucoup ; car si les comédiens fermaient leurs spectacles, l'Église serait privée d'un secours considérable. »

XI.

Alors, ce secours, bien considérable en effet, était payé aux hospices par abonnement. Les difficultés d'une perception rigoureuse les avaient peu à peu ramenés à cette concession. Ils s'en trouvèrent bien en de certains moments de disette financière, où leur dîme, s'ils l'eussent touchée tous les jours, aurait couru grands risques de prendre le chemin que la recette de l'Opéra prenait quelquefois.

Le spectacle fini, quelqu'un se présentait avec un ordre du ministre à la main, le faisait lire au caissier, et, sans attendre de réplique, emportait l'argent. Le trésor public en avait besoin ! Le ministre qui plus d'une fois fit faire de ces coups de main sur la caisse de l'Opéra, était M. de Calonne. On a dit qu'il ne s'entendait qu'à la dépense ; vous voyez qu'il n'était pas moins habile à la *recette*.

On ne fit aussi bien que sous le Directoire. Le 17 janvier 1797, la première représentation d'une grande pièce de Grétry, *Anacréon chez Polycrate*, avait attiré grande foule à l'Opéra ; la somme encaissée était de dix mille cinq cents livres, fort beau denier par ce temps d'assignats. On eut vent de cette aubaine à la trésorerie nationale, tout aussi dépourvue que si M. de Calonne eût été ministre, et la rafle fut faite aussi lestement que par lui.

Seulement, comme alors il y avait des journaux, le coup s'ébruita ; il fut dénoncé le lendemain dans le *Paris* de Peltier. Benezech, ministre de l'intérieur, répondit dans les *Petites affiches*, qui étaient son *Moniteur*, que ce n'était là « qu'une calomnie atroce. » Il prouva, en criant si fort, que c'était tout au plus une médisance.

La dîme des pauvres, ce soir-là, y passa comme le reste ; tout avait été pris. C'était jouer de malheur, car il n'y avait pas deux mois qu'on l'avait rétablie. Supprimée en 1791, quand la liberté des théâtres avait été mise en vigueur, elle n'avait reparu qu'en vertu de la loi du 7 frimaire an V (27 novembre 1797), mais provisoirement, disait un des articles, pour six mois au plus.

Ces six mois-là durent encore (1).

XII.

Le droit des pauvres ne s'est éternisé, sans interruption jusqu'à présent, que depuis ce provisoire de l'an V !

Au lieu d'abroger la loi de frimaire, comme on l'avait promis, on la perfectionna par un autre quand l'instant de la supprimer fut venu. Le 8 thermidor (26 juillet) suivant, cette loi nouvelle, non-seulement conserva « le décime par franc » à percevoir pour les pauvres sur chaque billet dans les grands théâtres, mais elle étendit sa dîme sur les petits, en se faisant plus forte. Il n'y eut pas un seul endroit de divertissement, concerts, bals, etc , qui y dût échapper : le droit qui les frappa fut égal au quart des recettes (2).

(1) L'année d'auparavant, le 11 nivôse an IV, 1er janvier 1796, tous les entrepreneurs ou sociétaires des théâtres de Paris avaient été *invités* à donner chaque mois une representation « dont le produit, déduction faite des frais journaliers et de la part d'auteur, devait être versé dans la caisse des Hospices. »

(2) Natalis Rondot, *Histoire et statistique des Théâtres*, 1832, in-8, p. 10.

Comme la première, cette seconde loi se donna pour essentiellement provisoire : elle dit qu'elle passait, pour qu'on la laissât passer (1).

Treize ans après, en 1809, elle passait toujours.

Alors le pouvoir, assez fort pour être franc, rompit avec ces subterfuges d'un provisoire qui ne finissait pas ; il déclara nettement, par sa loi du 5 décembre, que l'impôt des pauvres était légal, qu'au lieu de dix pour cent, comme au temps du décime par livre, on le porterait à onze, et que la perception en serait indéfinie.

La mesure avait pour elle sa sincérité ; de plus, par exception, elle pouvait alors presque se justifier : depuis deux ans, par un décret du mois de juillet 1807, trente-deux théâtres avaient été supprimés à Paris. Il n'en restait que huit. Quatre étaient subventionnés, et pour les quatre autres, comme on l'a fort bien dit (2), « l'absence de concurrence équivalait à une sorte de subvention. »

La prospérité était certaine, comme elle l'avait été sous Louis XIV, à cause du petit

(1) L'impôt des pauvres avait été successivement prorogé par les lois du 2 floréal an V, 2 frimaire an VI, 19 fructidor an VI, 6ᵉ jour complémentaire an VII, 7 fructidor an VIII, 9 fructidor an IX, 18 thermidor an X, 30 thermidor an XII, 18 fructidor an XIII, 21 août 1806, 24 nov. 1808.

(2) *Observat. tendant à la suppress. du Droit des Indigents*, p. 4.

nombre et du privilége. Il semblait donc juste
de l'imposer de nouveau pour les pauvres.

Sous la Restauration, le nombre des théâtres remonta de huit à vingt-quatre.

Les hospices, pour qui les contribuables
augmentaient ainsi, auraient dû rendre plus
faible la contribution de chacun, et alléger la
charge qu'une prospérité privilégiée contre la
concurrence avait seule justifiée auparavant.

Il n'en fut rien. L'impôt resta le même, et
comme dernière consécration, le 18 février
1817, il fut compris directement dans le bud-
get de l'État. Depuis, il n'a plus fait qu'é-
tendre sans gêne, et raffiner sa fiscalité.

Vers la fin de la Restauration, par une combinaison de M. Locré de Saint-Julien, qui
s'en était fait le fermier, il menaça de s'étendre
jusque sur les billets gratuits (1). Il est très-
probable que les théâtres n'auraient pas
échappé à ce dernier tour de vis de l'impôt
qui les pressure, à cette quintessence de contribution, reprise seulement de notre temps,
si la révolution de Juillet ne fût survenue.

XIII.

Alors le droit des pauvres se fit doux, et
fuyant comme tous les abus devant la liberté.

(1) *Almanach des spectacles pour* 1830, p. 3-4.

Impitoyable tout à l'heure, il devint bon prince et bonne âme, prêt à toutes les concessions. Pendant quelques années, il fit ce qu'on voulut : demandait-on des diminutions, il les accordait ; voulait-on ne plus payer que par abonnement, il y consentait (1). Les directeurs avaient le dessus, et, pour le garder, ils parlaient fort, ils écrivaient (2), ils plaidaient. Tout le monde les soutenait, journaux grands et petits, livres gros et menus ; un de ceux-ci, le *Petit Dictionnaire des coulisses*, de 1835, par un Jacques le Souffleur, que je soupçonne fort d'être Jacques Arago, dit à ce sujet, tout en s'amusant, de meilleures vérités que les plus sérieux.

« L'administration des hospices, dit-il, supposée pauvre, doit vivre à la charge de l'administration théâtrale supposée riche. Voilà comme les faiseurs de lois ont raison.

« Mais les payeurs d'impôts ont dit : « Si le « riche doit aux pauvres, c'est l'Hôtel-Dieu « qui doit aux théâtres, et non les théâtres à « l'Hôtel-Dieu. Donc les théâtres ne sont pas « débiteurs, mais créanciers, et, en mettant la « chose au plus juste, ils ne sont ni créanciers « ni débiteurs, et de par la loi ils ne feront « pas l'aumône. »

(1) Natalis Rondot, p. 10.
(2) Il parut entre autres, en 1833, une brochure : *Réclamations de MM. les Directeurs des Théâtres de Paris, au sujet de l'impôt établi sous le nom de* Droit des Pauvres, in-8.

« L'affaire en est là, le papier timbré
cherche à battre en brèche la loi fiscale qui
ruine les exploitations de théâtre. »

XIV.

Quoiqu'il y ait trente-cinq ans que cela soit
écrit, on peut encore répéter, comme Jacques
le Souffleur : « L'affaire en est là. »

En 1845, on avait beaucoup espéré de l'exa-
men de deux inspecteurs, MM. de Lurieu et
de Vateville, nommés exprès par le ministre
de l'intérieur, et dont les conclusions avaient
été que, pour rendre l'impôt des indigents
raisonnable, il fallait ne le percevoir que sur
les bénéfices.

Malheureusement, trois ans se passèrent
sans résultat ; la Révolution de 1848 arriva
plus vite que la Loi, dont ce rapport de 1845
exposait les motifs.

M. Ledru-Rollin voulut réparer le temps
perdu. Quatre jours après son installation à
l'Intérieur, le 28 février 1848, il décidait,
comme MM. de Vatteville et de Lurieu, que
les bénéfices seuls seraient mis à contribution
pour les pauvres.

On s'émut bien fort à l'administrotion des hospices, rien n'y fut négligé pour faire écarter encore ce principe d'une équité si dangereuse. On y alla jusqu'à offrir de borner momentanément la perception à la misérable dîme de un pour cent, ce qui fut accordé ; mais huit mois après, la question revint.

Le 31 octobre 1848, la commission des théâtres instituée par le gouvernement proposa pour le droit des pauvres le chiffre invariable de cinq pour cent. Le 9 janvier suivant, ce fut le même qui fut admis dans un article additionnel au projet de loi sur les théâtres.

De tout cela, rien ne sortit. On revint au passé, qui s'éternise encore. Comme je le répétais tout à l'heure avec le vieux Jacques de 1835, « l'affaire en est là. »

Espérons que ce sera pour se dénouer enfin, par l'arrêt amiable de la commission due à l'initiative de l'Empereur, et qui ramènera les choses à l'ordonnance si raisonnable et si juste de 1736.

On ne voudra pas, sous le gouvernement de Napoléon III, faire moins qu'il ne fut fait sous le gouvernement de Louis XV.

PARIS — IMPRIMÉ CHEZ JULES BONAVENTURE

55, QUAI DES GRANDS-AUGUSTINS

www.ingramcontent.com/pod-product-compliance
Lightning Source LLC
LaVergne TN
LVHW010305190726
843502LV00014B/1786